El hábitat del Ártico

Introducción a los hábitats

Molly Aloian y Bobbie Kalman

Crabtree Publishing Company

www.crabtreebooks.com

Creado por Bobbie Kalman

Dedicado por Michael Vincent
Para Samm y todos sus "niños".

Editora en jefe
Bobbie Kalman

Equipo de redacción
Molly Aloian
Bobbie Kalman

Editora de contenido
Kathryn Smithyman

Editores
Michael Hodge
Kelley MacAulay
Rebecca Sjonger

Diseño
Margaret Amy Salter
Samantha Crabtree
(portada y logotipo de la serie)

Coordinación de producción
Heather Fitzpatrick

Investigación fotográfica
Crystal Foxton

Agradecimiento especial a
Jack Pickett y Karen Van Atte

Consultor lingüístico
Dr. Carlos García, M.D., Maestro bilingüe de Ciencias, Estudios Sociales y Matemáticas

Ilustraciones
Barbara Bedell: página 15
Barb Hinterhoeller: página 26
Katherine Kantor: página 22, 27, 30, 32 (morsa)
Bonna Rouse: páginas 20, 32 (ave y flor)
Margaret Amy Salter: página 32 (madriguera)

Fotografías
iStockphoto.com: Gordon Laurens: página 21 (parte inferior)
Photo Researchers, Inc.: W. K. Fletcher: página 14, 27; Tom McHugh: página 22
Visuals Unlimited: Charles George: página 28
Otras imágenes de Corbis, Corel, Creatas, Digital Stock, Digital Vision,
    Eyewire y Photodisc

Traducción
Servicios de traducción al español y de composición de textos suministrados por translations.com

---

Library and Archives Canada Cataloguing in Publication

Aloian, Molly
    El hábitat del Ártico / Molly Aloian y Bobbie Kalman.

(Introducción a los hábitats)
Includes index.
"A Bobbie Kalman book" --Cover.
Translation of: The Arctic Habitat.
ISBN 978-0-7787-8330-5 (bound)
ISBN 978-0-7787-8354-1 (pbk.)

    1. Ecology--Arctic regions--Juvenile literature.
I. Kalman, Bobbie, 1947- II. Title. III. Series.

QH84.1.A4618 2007   j577.0911'3   C2007-900442-3

Library of Congress Cataloging-in-Publication Data

Aloian, Molly.
    [The Arctic Habitat. Spanish]
    El hábitat del Ártico / Molly Aloian y Bobbie Kalman.
        p. cm. -- (Introducción a los hábitats)
    Includes index.
    ISBN-13: 978-0-7787-8330-5 (rlb)
    ISBN-10: 0-7787-8330-8 (rlb)
    ISBN-13: 978-0-7787-8354-1 (pb)
    ISBN-10: 0-7787-8354-5 (pb)
    1. Ecology--Arctic regions--Juvenile literature. I. Kalman, Bobbie.
II. Title. III. Series.

QH84.1.A4618 2007   577.0911'3--dc22   2007002054

Crabtree Publishing Company

www.crabtreebooks.com   1-800-387-7650

Copyright © 2007 CRABTREE PUBLISHING COMPANY. Todos los derechos reservados. Se prohíbe la reproducción total o parcial de esta obra, su almacenamiento en un sistema de recuperación o su transmisión en cualquier forma y por cualquier medio, ya sea electrónico o mecánico, incluido el fotocopiado o grabado, sin la autorización previa por escrito de Crabtree Publishing Company. En Canadá: Agradecemos el apoyo económico del gobierno de Canadá a través del programa *Book Publishing Industry Development Program* (Programa de desarrollo de la industria editorial, BPIDP) para nuestras actividades editoriales.

Publicado en Canadá
Crabtree Publishing
616 Welland Ave.
St. Catharines, ON
L2M 5V6

Publicado en los Estados Unidos
Crabtree Publishing
PMB16A
350 Fifth Ave., Suite 3308
New York, NY 10118

Publicado en el Reino Unido
Crabtree Publishing
White Cross Mills
High Town, Lancaster
LA1 4XS

Publicado en Australia
Crabtree Publishing
386 Mt. Alexander Rd.
Ascot Vale (Melbourne)
VIC 3032

Contenido

¿Qué es un hábitat?	4
Todo lo que necesitan	6
El Ártico	8
El clima del Ártico	10
Las plantas del Ártico	12
Las plantas hacen alimento	14
Los animales del Ártico	16
Mantenerse calientes	18
Encontrar alimento	20
Obtener energía	22
Medidas de protección	24
Hogares en el Ártico	26
Hora de dormir	28
Salir del Ártico	30
Palabras para saber e índice	32

¿Qué es un hábitat?

Un **hábitat** es un lugar de la naturaleza. Las plantas viven en hábitats y los animales también. Algunos animales construyen sus hogares en hábitats.

Seres vivos e inertes

En los hábitats hay **seres vivos**, como las plantas y los animales. También hay **seres inertes** como las rocas, el agua y la tierra.

Todo lo que necesitan

Las plantas y los animales necesitan agua, aire y alimento para sobrevivir. Las plantas y los animales encuentran todo lo que necesitan en su hábitat. Este visón encontró un pez para comer.

Un hogar en su hábitat

Algunos animales tienen un hogar en su hábitat. Esta hembra de zorro ártico tiene un hogar para ella y sus crías. Su hogar se encuentra en medio de rocas.

El Ártico

El **Ártico** es un hábitat situado en el extremo norte de la Tierra. Allí hace mucho frío y hay mucha nieve y hielo. En el Ártico viven los osos polares.

El océano Ártico

En el Ártico hay un océano muy frío llamado **océano Ártico**. En este océano flotan trozos de hielo y algunos animales descansan sobre ellos. Esta foca de Groenlandia está descansando sobre el hielo.

El clima del Ártico

En el Ártico hace mucho frío. Los inviernos son largos y helados. Duran la mayor parte del año. En esta estación hay **ventiscas**, que son tormentas de nieve acompañadas de vientos fuertes.

Veranos cortos

En el Ártico los veranos son cortos y el clima no es muy cálido. La nieve se derrite sólo en algunos lugares. En estos lugares crecen plantas que sirven de alimento para los animales. Algunos, como este oso pardo, se dirigen al Ártico en verano para comer plantas.

Las plantas del Ártico

En verano crecen plantas en el Ártico. Las plantas crecen cerca del suelo para protegerse de los vientos fuertes y fríos.

Flores coloridas

Algunas plantas del Ártico tienen flores coloridas. Esta planta es una hierba sauce enana que tiene flores de color rosado intenso. Crece sólo en verano.

Las plantas hacen alimento

Los seres vivos necesitan alimento para sobrevivir. Las plantas producen su propio alimento a partir del aire, la luz del sol y el agua. Este proceso se llama **fotosíntesis**.

Producción de alimento

Las plantas obtienen la luz del sol a través de las hojas. También obtienen aire a través de las hojas. Además, obtienen agua a través de las raíces. Una planta produce alimento a partir de la luz del sol, el aire y el agua.

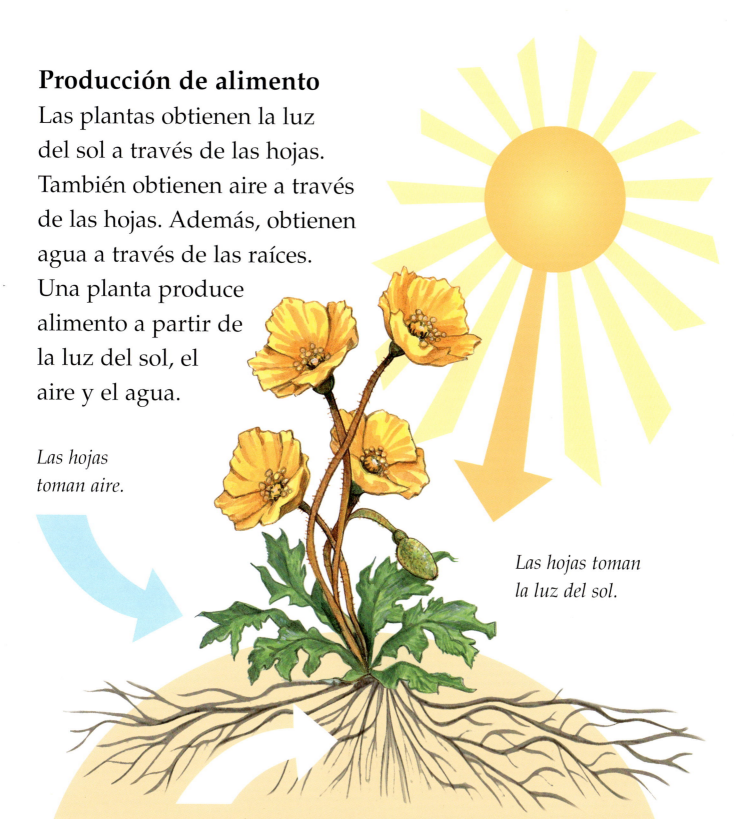

Las hojas toman aire.

Las hojas toman la luz del sol.

Las raíces toman agua del suelo.

15

Los animales del Ártico

Estos animales viven en el Ártico. El Ártico es su hábitat. Allí encuentran alimento y hogar.

búho nival

osos polares

Mantenerse calientes

Los animales del Ártico deben mantener el calor del cuerpo. Muchos tienen un pelaje espeso que les cubre el cuerpo. El pelaje de este buey almizclero le sirve para mantenerse abrigado.

Grasa abrigadora

Muchos animales del Ártico tienen capas gruesas de **grasa** bajo la piel. La grasa les sirve para mantenerse abrigados. Esta morsa tiene grasa bajo la piel.

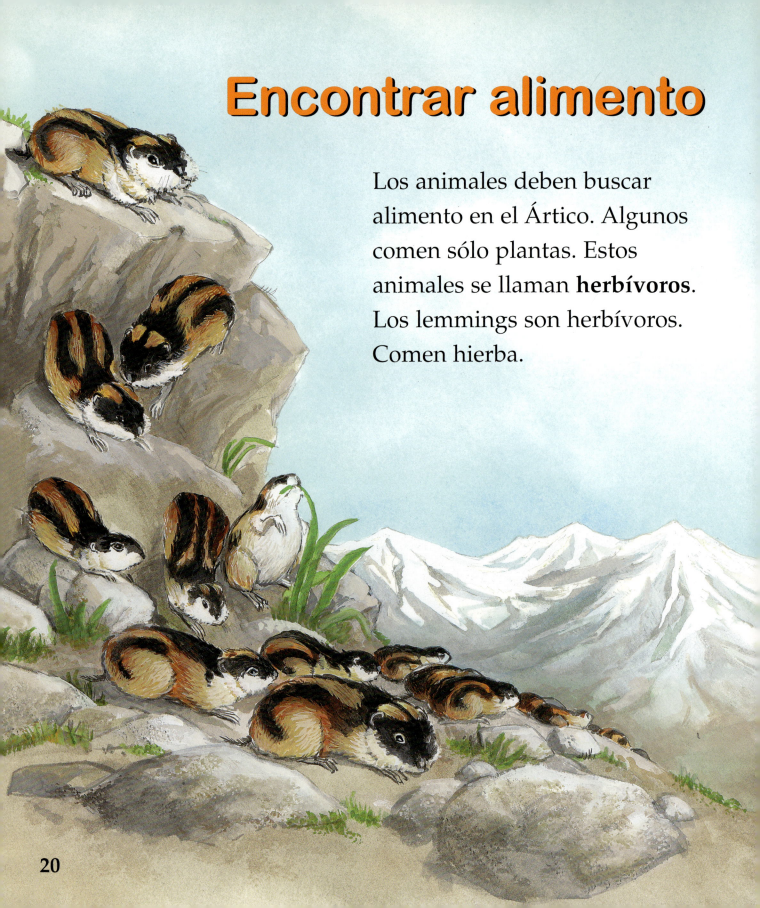

Encontrar alimento

Los animales deben buscar alimento en el Ártico. Algunos comen sólo plantas. Estos animales se llaman **herbívoros**. Los lemmings son herbívoros. Comen hierba.

Carnívores

Algunos animales del Ártico son **carnívoros**. Los carnívoros se comen a otros animales. Este zorro ártico es carnívoro. Come aves, peces y liebres árticas.

Omnívoros

Algunos animales del Ártico son **omnívoros**. Comen tanto plantas como animales. Esta perdiz nival es omnívora. Come plantas, semillas e insectos.

Obtener energía

Todos los seres vivos necesitan **energía** para crecer y moverse. La energía viene del sol. Las plantas obtienen energía del sol; los animales la obtienen al comer alimentos. Los lemmings son herbívoros. Obtienen energía al comer hierbas.

sol

pasto

lemming

Comer animales

Los carnívoros obtienen energía al comerse a otros animales. Los zorros árticos son carnívoros. Obtienen energía al comer lemmings.

Medidas de protección

Algunos animales del Ártico cazan a otros animales. Las presas necesitan ponerse a salvo y lo hacen de diferentes maneras. Algunas se mueven rápidamente para escapar de los animales que las cazan. Esta liebre nival corre con velocidad.

Ocultarse

Algunos animales del Ártico están a salvo porque otros animales no pueden verlos. Esta cría de foca tiene pelaje blanco que se confunde con la nieve que la rodea. La cría está a salvo porque es difícil verla.

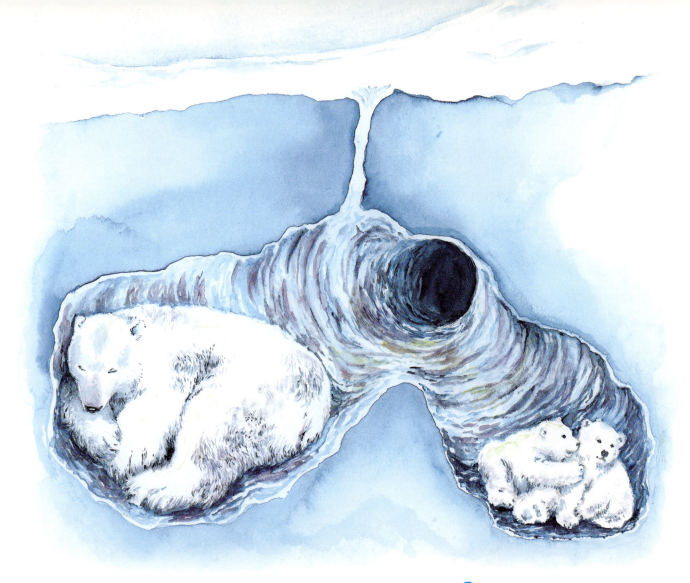

Hogares en el Ártico

Algunos animales del Ártico construyen hogares y dentro de ellos se mantienen abrigados. Esta hembra de oso polar ha construido para sus crías un hogar llamado **guarida**. La guarida se encuentra en la nieve.

Hacer nidos

Muchas aves construyen hogares llamados **nidos**. Los búhos nivales, los gaviotines árticos y otras aves construyen nidos. En verano, estas aves ponen huevos en los nidos. De los huevos salen los polluelos y éstos viven en los nidos.

Hora de dormir

El invierno del Ártico es demasiado frío para algunos animales. Estos animales duermen durante todo el invierno en guaridas cálidas. Esta ardilla ártica duerme durante el invierno.

¡A despertar!
Los animales durmientes se despiertan cuando comienza el verano. Salen de sus guaridas con hambre y comienzan a buscar alimento.

Salir del Ártico

Algunos animales del Ártico no duermen durante el invierno, sino que se van antes de que éste comience. Se trasladan a lugares más cálidos donde puedan encontrar alimento. Estos gaviotines árticos están volando hacia un lugar más cálido.

Grupos de caribúes

Los caribúes también se van del Ártico en invierno. Caminan en grandes grupos hacia lugares más cálidos. A veces nadan por ríos durante el viaje.

Palabras para saber e índice

alimento (el)
páginas 6, 14, 15, 16, 20, 22, 29, 30

animales (los)
páginas 4, 5, 6, 9, 11, 16-17, 18, 19, 20, 21, 22, 23, 24, 25, 26, 28, 29, 30

Ártico (el)
páginas 8, 9, 10, 11, 12, 13, 16, 18, 19, 20, 21, 24, 25, 26, 28, 30, 31

dormir
páginas 28, 29, 30

energía (la)
páginas 22, 23

hábitats (los)
páginas 4, 5, 6, 7, 8, 16

hogares (los)
páginas 7, 16, 26, 27

plantas (las)
páginas 4, 5, 6, 11, 12-13, 14, 15, 20, 21, 22

Otras palabras del índice
agua 5, 6, 14, 15
carnívoros 21, 23
fotosíntesis 14
herbívoros 20, 22
omnívoros 21
seres inertes 5
seres vivos 5, 14, 22

Impreso en Canadá